Wilhelm Beneker

Gebete zum Kirchenjahr

Sonnenweg-Verlag

CIP-Kurztitelaufnahme der Deutschen Bibliothek
Beneker, Wilhelm:
Gebete zum Kirchenjahr / Wilhelm Beneker. –
Konstanz: Sonnenweg-Verlag, 1983.

ISBN 3-7975-0289-3

© Sonnenweg-Verlag 7750 Konstanz, 1983.
Satz und Druck von Leibfarth + Schwarz, Grafischer Betrieb, 7433 Dettingen
Buchbinderische Verarbeitung: Christl. Verlagsanstalt GmbH., Konstanz
Printed in Germany

*Im 25. Jahr unserer Ehe
widme ich dieses Buch meiner lieben Frau
und treuen Gehilfin in meinem Amt.*

INHALT	SEITEN

Inhaltsverzeichnis	4
Geleitwort von Bischof D. Dr. Hans Heinrich Harms	5
Vorwort	6
Adventszeit	7–14
Weihnachtszeit	15–20
Jahreswechsel	21–24
Epiphaniaszeit	25–32
Vor den Fasten	33–36
Fastenzeit – Karfreitag	37–46
Invokavit – Judika (Zu Passionsandachten)	47–52
Ostern – Exaudi	53–64
Pfingsten	65–68
Trinitatiszeit	69–94
Ende des Kirchenjahres	95–98

Besondere Tage
    Erntedankfest
    Reformationsgedenken
    Buß- und Bettag
    Totensonntag
	99–104

Fürbitteneinschübe	105–116
Stichwortregister und Bibelstellenregister	117–120

Geleitwort

Die Nachfolger Jesu haben zu allen Zeiten die Bitte der ersten Jünger, wenn auch vielleicht in anderer Form, wiederholt: Herr, lehre uns beten. Die Kraft des Gebetes ist durch die Jahrtausende hin immer wieder erfahren worden. Dennoch sind Christen oft hilflos und manchmal sogar lässig. Jede Hilfe zu neuem Beten muß uns dankbar machen.

Die vorliegenden Gebete zum Kirchenjahr sind eine besonders willkommene Anregung für alle, denen der Gottesdienst wichtig ist. Martin Luther hat bei der Einweihung der Schloßkirche zu Torgau am 5. Oktober 1544 in seiner berühmt gewordenen und viel zitierten Predigt gesagt: »Man kann und soll wohl überall, an allen Orten und zu allen Stunden beten; aber das Gebet ist nie so kräftig und stark, als wenn die ganze Gemeinde einträchtig miteinander betet.«

Ich wünsche diesem Gebetbuch, daß es viele Gemeinden und Prediger dazu anleitet, Gott gemeinsam anzurufen und darin und daraus neue Kraft zu finden.

Oldenburg, 13. April 1983   D. Dr. Hans Heinrich Harms
                                                                Bischof von Oldenburg

Vorwort

Es gehört für mich seit Jahren mit zu den Vorbereitungen des sonntäglichen Gottesdienstes, Gebete zu schreiben. Nicht alle eignen sich zur Weitergabe, entweder weil sie zu sehr predigt- und situationsbezogenen Charakter haben, in ihrer Sprachgestalt nicht so gelungen oder von zeitlich gebundener Aktualität bestimmt sind. Die Auswahl, die ich hier anbiete, enthält Gebete für jeden Sonntag des Kirchenjahres, die Anliegen des jeweiligen Sonntagsthemas zum Inhalt haben und dadurch über die eigene Gemeinde hinaus auch in anderen verwendet werden können. Für die Adventszeit sind zwei und für die Passionszeit (Passionsandachten) fünf weitere Gebete hinzugefügt. In einem Anhang sind Bausteine für Fürbittengebete angeboten.

Ein Bibelstellenregister und ein Stichwortregister wollen das Buch vielfältiger benutzbar machen – auch über die Sonntage des Kirchenjahres hinaus. Stichworte und Bibelstellen stehen in den Kopfleisten.

Die Schreibweise biblischer Namen und Begriffe richtet sich nach den ökumenischen Loccumer Richtlinien. Freie Seiten sind für eigene Texte und Anmerkungen gedacht.

Der Leser mag entscheiden, ob er die vorliegenden Texte übernehmen oder frei mit ihnen umgehen will, seiner eigenen Sprache oder dem Usus der jeweiligen Gemeinde entsprechend.

Brake/Unterweser, im April 1983   Wilhelm Beneker

Adventszeit

1. Sonntag im Advent

Mt 21, 1–11
Einzug in Jerusalem / Der kommende Herr

Herr,
bist du das gewesen, dieser Mann auf dem Esel?
Bist du das gewesen,
der über ausgebreitete Kleider und Zweige ritt?
Diese Armut,
diese Machtlosigkeit,
sie greifen uns ans Herz.
Da wehrt sich etwas in uns.
Wir wollten dich anders:
Mächtiger und bedeutungsvoller
solltest du aussehen, und eindrucksvoller.
Ach, Herr, könnten wir doch »hosanna« (hosianna) rufen
wie damals die Kinder und Unmündigen.
Wir würden dich erkennen.
Und wir würden verstehen,
daß du Armut, Machtlosigkeit
und Niedrigkeit durchschritten hast
in allen Bereichen,
nach der Höhe und Tiefe,
nach der Länge und Breite.
Und nun füllst du diesen Raum ganz aus,
der doch menschlicher Lebensraum ist.
Wenn du dabei bist, Herr, mitten unter uns,
dann wird dies der Raum der Freiheit.
Herr, wir warten auf dich.
Mache uns frei!
Und wir wollen »hosanna« singen:
Gelobt sei, der da kommt im Namen des Herrn.
Hosanna in der Höhe.

2. Sonntag im Advent

Jes 62, 11/Mt 24, 1–14/Mk 13, 3–13/Lk 21, 25–33
Das kommende Heil

Siehe, dein Heil kommt!
Kommt es wirklich, Herr?
Unsere Augen sehen anderes:
Haß und Krieg,
Not und Tod,
Hunger und Krankheit,
Neid, Verfolgung, Leid und wieder Tod.
Dennoch trifft auf uns dein Wort
vom kommenden Heil.
Es trifft uns in diesen Weltzuständen.
Wir möchten wachgerüttelt werden, Herr,
von Grund auf und bis in die Tiefe der Seelen.
Wir möchten offene Ohren haben
für dein Wort vom Frieden,
von der Gerechtigkeit,
vom Heil für die ganze Welt.
Öffne uns dafür und komme so zu uns.
Und dann sende uns, Herr,
zu trösten die Trauernden,
zu speisen die Hungernden,
zu stärken die Schwachen,
zu heilen die Kranken
und zum Zeugnis den Zweifelnden,
damit dein kommendes Heil
ausgebreitet wird.

Beneker, Gebete zum Kirchenjahr   Sonnenweg-Verlag 7750 Konstanz

3. Sonntag im Advent

Ps 139/Jes 40, 1–11
Erwartung / Zuversicht und Glauben

Herr,
das ist eine gute Nachricht,
daß du da bist,
daß uns dein Reich nahe ist
und uns umgibt von allen Seiten.
Daß du uns nicht allein läßt
in unserer Welt,
daß du immer der Kommende bleibst,
und uns mit deiner Gegenwart tröstest,
gibt uns die Kraft
zu leben.
Mitten in Angst und Schrecken,
im Toben der Mächte,
in Furcht und Vergehen
schenkst du uns Zuversicht und Glauben
und erhältst uns in der Erwartung
deines Kommens.
Wir danken dir.

4. Sonntag im Advent
Lk 1, 46–55
Die nahende Freude

Herr, es ist wunderschön,
wie das Evangelium
in farbigen Bildern malt.
Es wird uns von Maria erzählt,
der Mutter Jesu.
Der Evangelist malt ein Bild
unendlicher Demut,
mit der sie bereit war,
deinen Christus in diese Welt
hineinzugebären.
Darin ist sie uns Bild und Vorbild geworden.
Wir bitten dich:
Erhalte deiner Kirche
die wache Bereitschaft,
dieser Welt
deinen Christus zu bezeugen, –
ihn dadurch
immer wieder hineinzugebären in die Welt,
den Menschen dieser Erde zum Heil,
zum gegenseitigen Verständnis,
zur Liebe,
zum Frieden.
Laß deine Kirche lobsingen
in der Freude über Gott.

Adventszeit

Ich muß zugeben, Herr,
daß ich mitten drin bin
in der Gedankenlosigkeit
und der lauten Geschäftigkeit:
Ich gehe durch die Straßen,
durch Hasten und Jagen,
unter Lichterketten und grellen Neonsternen.
Es ist alles so aufdringlich.
Die Musik tut den Ohren weh:
»Süßer die Glocken nie klingen ...?«
Am Ende bin ich erschöpft
und ausgebrannt und leer.
So stehe ich nun heute vor dir
und bitte um Frieden für mich und alle Menschen,
Frieden für die Herzen
in dieser Zeit der Erwartung.
Ich bitte dich darum, daß du kommst, Herr,
und die Leere ausfüllst,
die innere und äußere Leere.
Fülle uns mit deiner Liebe.
Komm zu uns, Herr.

ADVENTSZEIT

Licht der Welt / Abendmahl

Herr, wir zünden die Kerzen an
und denken an dich.
Wir erkennen in den Kerzen ein Bild von dir:
Das Licht der Welt,
das sich selbst verzehrt.
Aber Bilder sind nicht genug.
Wir können nicht leben ohne deine Gegenwart.
Darum warten wir auf dich und bitten:
Komm in deinem Wort,
komm in Brot und Wein als Leib und Blut.
Wie würde das unser Leben und unsere Welt verändern,
wenn wir deine Gegenwart in diesen Gaben
endlich ernstnehmen würden.
Die unbändige Kraft einer neuen Schöpfung,
die Energie deines Geistes,
dein Dabeisein,
das will und kann uns ergreifen und auf den Weg bringen
für Gerechtigkeit und Frieden.
Komm, Herr, und gib uns Hoffnung
und Geduld und Zuversicht.

Beneker, Gebete zum Kirchenjahr   Sonnenweg-Verlag 7750 Konstanz

Weihnachtszeit

CHRISTFEST I
Lk 2, 1–14

Herr, unser Vater, du hast gesprochen.
Das ist das Beglückende dieses Festes,
daß du nicht stumm geblieben bist,
stumm und fern – jenseits unserer Welt.
Du bist in unser Leben eingedrungen,
in unsere Gedanken und Gefühle
und in unsere Sprache
mit deinem ewigen Wort.
Wir hörten und wir hören:
Fürchtet euch nicht –
ich bin bei euch!
Und weil du unsere Sprache sprichst,
rufen wir in dieser Sprache zu dir, –
wohl bittend und klagend
aus Angst und Verzagen –
und doch voll Vertrauen und Hoffnung.
Weil du durch Jesus Christus
der Welt einen neuen Horizont gabst,
den Horizont der Hoffnung,
stimmen wir voll Vertrauen und Zuversicht ein
in den Lobgesang der Heerscharen:
»Ehre sei dir, Gott in der Höhe
und Friede auf Erden bei den Menschen,
auf denen dein Wohlgefallen ruht.«

CHRISTFEST II
Joh 1, 14a

Herr, unser Gott und Vater,
wir sind aus unseren Häusern in dein Haus gekommen.
Der Glanz der Kerzen erfüllte unsere Stuben.
Das Lachen und der Jubel der Kinder
klingen in unseren Ohren nach.
Wehmütiges Erinnern der Alten
gehörte auch zur Stimmung dieser Tage.
Es war sehr schön, Herr, und wir danken dir.
Trotzdem spüren wir: es war noch nicht das Fest.
Unser Fest – ja!
Fest des Lichtes und der Familie – ja!
Aber noch nicht dein Fest.

Haben wir vielleicht nur durch Stimmung ersetzt
was uns unbegreiflich ist?
Oder sind wir auf dem Umweg über gläserne Kugeln und Lametta,
Tannengrün und Kerzenlicht, nur deinem Anspruch ausgewichen?

Herr, du hast eine Revolution in die Welt getragen,
den Anbruch einer neuen Zeit.
Laß uns den Atem dieser neuen Zeit spüren,
den Geist der atemberaubenden Veränderung
in uns aufnehmen.
Laß an uns spürbar werden,
für uns selbst und andere Menschen,
wie sehr diese Revolution nach uns greift:
Das Wort wurde Mensch und wohnte unter uns,
und wir sahen seine Herrlichkeit,
die Herrlichkeit des einzigen Sohnes vom Vater,
voller Gnade und Wahrheit.

WEIHNACHTSZEIT
Lk 2, 14

Herr, unser Vater,
wir möchten deine Spuren finden in unserem Leben,
wir möchten ihnen folgen
und Wege finden, die Wiederkehr verheißen.
Aber all unsere Wege führten in die Irre,
immer weiter fort von dir.
Wir haben gesucht – und nicht gefunden.
Unser Suchen ging ins Leere,
weil wir eigentlich nur uns selbst gesucht haben.
Ja, Herr, es hat lange gedauert
bis wir verstanden haben,
daß nicht unser Suchen,
sondern dein Finden entscheidend ist.
Und nun sind wir dankbar und froh.
Du hast uns gefunden
in all unserer Unrast,
in unserer Verlorenheit an uns selbst
hast du uns gefunden.
Du hast uns da aufgesucht, wo wir sind. –
In Betlehem und anderswo –
auf dem Hirtenfeld
und in allen anderen Dunkelheiten unseres Lebens
hören wir deinen Zuspruch:
Friede auf Erden!
Laß uns die Spuren deines Friedens finden
und deine Wege gehen.

1. Sonntag nach Weihnachten

Lk 2, 25–38
Christuserkenntnis

Welche Weisheit –
welches Maß an Gnade und Erkenntnis
du Menschen gibst,
das schaue ich im Bild des Simeon.
Ich danke dir, Gott,
und bitte dich:
Gib mir
die Erkenntnis des Heils
in Jesus Christus.
Erwecke mich zu der Bereitschaft,
das Licht der Welt
den Menschen zu bezeugen.
Mache mich zu einem Boten
deines Friedens,
des Friedens,
der Leben und Sterben ermöglicht,
wie du gesagt hast,
denn meine Augen
haben in Jesus von Nazaret
deinen Christus erkannt.

Beneker, Gebete zum Kirchenjahr   Sonnenweg-Verlag 7750 Konstanz

Jahreswechsel

NEUJAHRSTAG

Ps 86, 11
Gottes Weg zum Menschen

Weise mir, Herr, deinen Weg,
daß ich wandle in deiner Wahrheit;
erhalte mein Herz bei dem einen,
daß ich deinen Namen fürchte!

Wir stimmen in dieses Chorgebet der Kirche ein
am ersten Morgen des neuen Jahres.
Wir sind unsicher, weil wir nicht wissen,
welche Wege wir geführt werden,
auf welche Umwege wir gelockt,
und welche Abwege wir gehen werden.
Darum bitten wir:
Weise mir, Herr, deinen Weg!

Wir schauen voll Staunen und Ehrfurcht
auf deinen Weg von der Krippe zum Kreuz.
Das war dein Weg zum Menschen
und für die Menschen.
Weise auch uns die Wege
zu den Menschen neben uns;
laß uns Wege der Menschlichkeit gehen.
Voll Hoffnung und Zuversicht bitten wir:
Weise mir, Herr, deinen Weg,
daß ich wandle in deiner Wahrheit,
im Glauben,
in der Hoffnung,
in der Liebe.

NEUJAHRSTAG

Ps 31, 16
Gottes Weg mit den Menschen

Herr, unser Gott,
mit dem Psalmsänger bekennen wir:
Meine Zeit steht in deinen Händen!
Uns wird dabei deine Ewigkeit bewußt,
deine unendliche Größe, Weite und Nähe.
Und da können wir nur noch vor dir schweigen,
uns dir aussetzen,
deinem Anspruch und deiner Führung.

Am Beginn dieses neuen Jahres wissen wir nicht,
welcher Art unsere Wege sein werden.
Es können Wege der Freude und des Leidens sein.
Es kann auch der letzte Weg sein.
Wir bitten dich, Herr,
hilf uns die Umwege zu vermeiden
und die Irrwege der Schuld.
Stärke uns in der Gewißheit,
daß schließlich und endlich alle unsere Wege
nur ein Ziel haben in deiner Ewigkeit.
Ja, Herr, es ist gut so:
Meine Zeit steht in deinen Händen!

2. Sonntag nach Weihnachten
Jes 61, 1–3
Die kommende Herrlichkeit

Herr, unser Gott,
es ist gut,
die Botschaft von deiner kommenden Herrlichkeit
zu hören.
Wir danken dir
für das Wort des Propheten,
für die Verheißung der Freiheit
und eines Jahres der Gnade.
Wir bitten dich:
Gib unseren Schritten Sicherheit
und Kraft
und Klarheit (Eindeutigkeit).
Führe uns auf unseren Wegen
und leite uns zum Ziel,
daß wir deine Herrlichkeit erkennen
in Jesus Christus.
Sind wir verzagt,
so tröste uns.
Wenn wir nicht weiterwissen,
so gib uns neuen Mut.
Stärke unseren Glauben.
Nimm in uns Wohnung,
lebendiger Christus,
und runde unsere Tage
zu Gnadenjahren des Herrn.

EPIPHANIASZEIT

Epiphanias
Mt 2, 1–12
Herrlichkeit des Herrn

Herr, wir wollen uns aufmachen zu dir,
jetzt, in diesem Augenblick.
Wie der Stern den Weisen
Wegweiser war in deine Gegenwart,
so leuchtet uns
die Erkenntnis deiner Herrlichkeit
in deinem Wort,
(in den Gaben an deinem Tisch,
in der Hinwendung zu dir)
und im Zuspruch der Vergebung.
So erfahren wir, daß du da bist.
Vor dir singen und beten wir
und preisen deine Herrlichkeit.
Wir sind voll Zuversicht,
daß du unsere Hoffnung erfüllst,
die Hoffnung auf Frieden auf Erden,
zur Gerechtigkeit unter den Menschen
und zur Verwirklichung der Liebe,
überstrahlt von deiner Herrlichkeit.

1. Sonntag nach Epiphanias

Jes 42, 1–9/Mt 12, 20
Hilfe in Anfechtung

Jesus,
wir danken dir.
Als Licht der Welt
bist du in unsere Finsternis gekommen.
Deine Herrlichkeit, –
dein Herrsein
hast du zum Licht unseres Lebens gemacht.

Wenn die Angst nach uns greift,
wenn wir schwanken
wie Röhricht im Wind,
wenn der Zweifel nagt,
und die schwache Glut unseres Glaubens
zu verlöschen droht,
dann stehe uns bei, Herr,
dann verwirkliche an uns
die uralte Verheißung:
    Das geknickte Rohr wird er nicht zerbrechen,
    und den glimmenden Docht wird er nicht auslöschen!
Herr, öffne unsere blinden Augen
für deine Herrlichkeit;
aus den Gefangenschaften der Schuld
führe dein Volk in die Freiheit der Vergebung
und aus dem Kerker der Finsternis
in das Licht des Lebens mit dir.

Wir beten gemeinsam, wie du uns gelehrt hast:

2. Sonntag nach Epiphanias

2. Mos 33, 17b – 23 / Joh 2, 1 – 11 / Röm 12, 9 – 16
Geduld und Hoffnung

Herr Jesus Christus,
in starken und eindrucksvollen Farben
malt das Evangelium
das Bild deiner Herrlichkeit,
die den Jüngern offenbar wurde.
Das Gesetz hast du erfüllt
und nun gebietest du Freiheit.
Du befreist uns zur Liebe,
die den Nächsten sucht,
sich der Notleidenden annimmt
und Segen verbreitet.
Wir danken dir, Herr,
daß wir – in deinen Zeichen und Wundern geborgen –
in dir den Glanz unseres Gottes erkennen
und durch dich
Gnade und Erbarmen in unserem Leben erfahren.
Laß uns in dieser Erfahrung wachsen
in Geduld und Hoffnung.

3. Sonntag nach Epiphanias

Mt 8, 5–13
Rettung

Unser Gott und Vater,
in unbegreiflicher Barmherzigkeit
hast du uns aufgenommen.
In der Taufe erfahren wir zeichenhaft,
daß wir zu dir gehören,
wie Kinder zu ihrem Vater.
So können wir Wege des Glaubens gehen,
Wege, die Wiederkehr verheißen,
Wege der Geborgenheit,
die in Jesus Christus sichtbar wurden.
In ihm hast du das Machtwort gesprochen,
das unser krankes und verlorenes Leben
genesen läßt.
Ja, Herr, sprich nur ein Wort,
so wird unser Leben gesund.

Beneker, Gebete zum Kirchenjahr   Sonnenweg-Verlag 7750 Konstanz

4. Sonntag nach Epiphanias

Mk 4, 35 – 41
Der Herr der Gewalten / Angst

Herr, daß deine Jünger deine Herrlichkeit erkannten,
deine Herrschaft über alle Gewalten,
das bezeugen sie in Predigten und Sprachbildern
von gewaltiger und farbiger Pracht.
Selbst die Kräfte der Natur,
wie Wellen und Wind,
sahen sie deiner Herrlichkeit unterworfen.

Ich bekenne vor dir, Herr,
daß mein Leben oft dahintreibt
wie ein führungsloses Boot im Wind.
Stürme der Angst bedrohen mich.
Wogen wollen mich verschlingen,
Wogen der Schuld und des Unglaubens.
Bitte, Herr, komm in mein Leben.
Mache dein Wort zur Waffe
gegen Stürme und Wellen,
die mir Angst machen.

Und wenn sich dann Ruhe und Stille ausbreiten,
dann laß darin mein Leben heil werden –
in der Stille zu dir.

5. Sonntag nach Epiphanias

Jes 40, 12–25 / Mt 13, 24–30
Der Herr der Geschichte / Zwänge

Herr, unsere Tage sind angefüllt
mit Aufgaben und Pflichten,
denen wir uns nicht entziehen können.
Aber die Maßstäbe, Herr,
gehen uns verloren.
Wir sind auf Erfolg getrimmt,
der sichtbar werden soll
in barer Münze,
in Produktionsziffern
und Rationalisierungserfolgen.
So leben wir an dir vorbei,
der du doch der Herr der Geschichte bist.
Bitte, Herr,
hilf uns da heraus.
Laß uns wieder erkennen,
daß dein Erbarmen
stärker ist
als die Erbarmungslosigkeit unserer Systeme.
Laß die Vollkommenheit der Liebe
in unserem Leben Raum gewinnen.
Laß uns deinen Frieden suchen,
für uns und für die Welt.
Schenke uns Weisheit aus deinem Wort.

Humanisierung der Welt,
wahre Menschlichkeit,
erkennen wir im wahren Menschen,
in Jesus von Nazaret,
dem wir als deinem Christus dienen,
mit Worten und Werken.
Durch ihn danken wir dir,
Gott, unser Vater.

Beneker, Gebete zum Kirchenjahr   Sonnenweg-Verlag 7750 Konstanz

Letzter Sonntag nach Epiphanias

Mt 17, 1–9
Verklärung

Herr, wir verstehen nicht, was die Jünger sahen.
Von Verklärung redeten sie.
Sie hätten dich gesehen,
überkleidet mit der Klarheit Gottes,
sagten sie.
Aber was ist das?
Diese Bilder sagen uns nur,
daß du zu Gott gehörst, –
auf seine Seite,
zu einer Wirklichkeit,
die auch im Bild der Verklärung
nur unzulänglich beschrieben ist.

Aber wir danken dir für dieses Zeichen.
Die Jünger hoben ihre Augen auf
und sahen nur dich allein.
Dazu hilf auch uns, Herr,
daß wir unseren Blick zu dir erheben.
Dich sehen,
dich erkennen,
das ist genug.
Aber dazu bedarf es der wachen Bereitschaft
zur Liebe,
zur helfenden Tat
und zur Vergebung.

Herr, du begegnest uns im Mitmenschen,
in deinem Wort und Sakramenten
und wieder im Mitmenschen.
Das macht deine Herrlichkeit aus,
daß du uns so nahe bist.
Ja, wir wollen unsere Augen aufheben
und niemand sehen als dich allein.

Vor den Fasten

Septuagesimae

Dan 9, 18/Jer 9, 22 + 23/Mt 20, 1–16a
Lohn und Gnade / Gebet

Allmächtiger Herr,
unser Gott und Vater,
wir danken dir.
Du umgibst uns täglich mit deiner Liebe,
mit all deinen Wohltaten an Leib und Seele.
Du erlaubst uns auch,
zu dir zu beten,
trotz all unserer Ungerechtigkeit.
In deiner großen Barmherzigkeit
hörst du uns gnädig zu
und teilst uns danach deine Gnade aus.
Lehre uns, Herr,
deine Gnade,
deine Liebe
und deine Barmherzigkeit zu erkennen.
In Jesus von Nazaret
sind sie sichtbar geworden
in unserer Welt und unserem Leben.
In ihm erkennen wir deinen Christus,
der uns durch seinen Tod
Gerechtigkeit,
durch sein Auferstehen
das Leben und
~~und durch seine Himmelfahrt~~
die Hoffnung schenkt.
Herr, wir danken dir.

SEXAGESIMAE

Lk 8, 4–15 / Hebr 3, 15 / Hebr 4, 12 +13
Gute Saat / Wort Gottes / Früchte des Glaubens

Herr, wir preisen deine Güte,
mit der du uns nachgehst,
wir loben deine Liebe,
die niemals aufgibt.
Mit deinem Wort erreichst du uns.
Du streust es aus
wie man Samen auf das Feld streut.
Wir danken dir für deine Geduld,
mit der du wartest
auf die Früchte unseres Glaubens,
den dein Wort in uns erweckt.
Hilf uns, Herr,
daß wir uns deinem Anspruch stellen
und unser Herz nicht vor dir verschließen.
Laß uns den Spuren folgen,
die Jesus Christus vorgezeichnet hat,
den Spuren der Liebe
und des Opfers,
die über das Kreuz hinaus
in deine ewige Herrlichkeit führen.

Beneker, Gebete zum Kirchenjahr   Sonnenweg-Verlag 7750 Konstanz

Estomihi

Mk 8, 31–38/1. Kor 13/1. Kor 16, 14 u.a.m./1. Joh 2, 16
Liebe Gottes / Nachfolge / Nächstenliebe

Herr unseres Lebens,
wir loben und preisen dich.
In Jesus Christus
hast du die Liebe zu dem Ereignis werden lassen,
das unser Leben trägt und bestimmt.
Heute bitten wir dich:
Erhalte uns in der Liebe;
vermehre sie;
laß sie in unseren Herzen brennen
als läuternde Kraft.
Weise uns Wege zum Nächsten
als Zeugen der Liebe.
Stärke in uns die Gewißheit,
daß wir in der Liebe bei dir sind,
wie du bei uns bleibst.
Voll Ehrfurcht und Dankbarkeit
schauen wir auf den Weg des Gehorsams,
den Jesus Christus ging
in der Folgerichtigkeit der Liebe,
die sich am Kreuz für uns verzehrte.
Herr, hilf uns die Wege finden,
auf denen wir in gehorsamer Nachfolge
zu Boten deiner Liebe werden.

Fastenzeit – Karfreitag

INVOKAVIT
1. Mos 3, 1–19/Mt 4, 1–11/1. Joh 3, 8b/Hebr 4, 14–16
Versuchung

Herr Jesus Christus.
Wir gedenken deines Leidens und Sterbens.
Deinen Weg zum Kreuz,
dein stellvertretendes Leiden,
deinen Tod,
verstehen wir als den priesterlichen Dienst,
durch den du uns reinigst
von der Schuld unseres Lebens.
Zwar werden wir immer wieder in Versuchungen unterliegen.
Der böse Feind von Anfang,
die Schlange des Paradieses,
wird uns immer wieder zu verführen suchen.
Darum danken wir dir, Herr,
für deinen Widerstand gegen den Bösen,
den du schließlich besiegt hast
am Kreuz.
Und wenn wir in Schuld und Versagen
zu versinken drohen,
dann laß uns festhalten an deinem Wort:
Weg! – Fort mit dir, Satan!
In deinem Kreuzesopfer geborgen
vertrauen wir auf dich.
Du schenkst uns auferstandenes Leben.

REMINICZERE

Jes 5, 1–7 / Röm 5, 1–5 / Röm 8, 5
Recht und Unrecht / Gerechtigkeit Gottes / Gerechtigkeit
durch Glauben

Herr, unser Gott,
Vater der Barmherzigkeit.
Mit unendlicher Liebe wendest du dich uns Menschen zu.
Mit göttlicher Geduld
hast du unsere Bosheit und Hartherzigkeit ertragen.
Wir müssen uns vor dir schuldig bekennen.
Du wolltest deine Rechte in Kraft sehen,
aber wir haben sie gebrochen,
immer wieder.
Du hast dein Zeichen aufgerichtet
aber wir haben es mißachtet.
Die Zusagen deiner Barmherzigkeit
haben wir vergessen.
Die Angebote deiner Gnade
haben wir überhört.
Aber du setzt deine Gerechtigkeit,
deine Gnade, die das Opfer Christi forderte,
gegen unseren Ungehorsam –.
So hast du unseren Aufstand gegen dich überwunden
mit der Kraft deiner erbarmenden Liebe.

OKULI
Lk 9, 62/Lk 9, 57–62/Eph 5, 1–8a
Nachfolge

Ach Herr, du rufst uns;
aber immer wieder
weichen wir deinem Anspruch aus.
Wir suchen und finden Ausreden und Entschuldigungen.
Es erscheint uns leichter,
anderen Herren zu dienen
als dir,
und lohnender,
andere Ziele zu suchen
als dein Reich.
Herr, es ist unbegreiflich,
aber du willst unseren Dienst
trotz all unseres Versagens.
Du rufst uns in die Nachfolge.
Zeugen deiner ewigen Wahrheit sollen wir sein,
deine Boten in dieser Welt.
Wir bitten dich, Herr:
Verwandle unser Leben.
Brich den Widerstand unserer trotzigen Herzen.
Laß uns mutig die Hand an den Pflug legen,
den Acker dieser Welt zu pflügen
und die Saat deines Wortes auszustreuen.
Schenke uns die Kraft deines Geistes
für diese große Aufgabe.

LÄTARE

Jes 54, 7–10 / Joh 12, 20–26
Brot des Lebens / Nachfolge

Herr Jesus Christus,
du hast dich das »Brot des Lebens« genannt.
Was für ein Bild!
Speise, die unser Leben ermöglicht und erhält.
Brot,
aus Korn gebacken,
aus Korn, das aufwuchs aus der Saat.
Du selbst, Herr, bist dieses Saatkorn,
das sein Leben in den Tod gab
als Voraussetzung für unser Leben.
In dieses neue Leben berufst du uns.
Wir danken dir, Herr.
Nun laß uns in gehorsamer Nachfolge
Wege des Glaubens und der Liebe gehen.
Halte uns fest an deiner Wahrheit.
Schenke uns Trost im Leiden
und erhalte uns in der Hoffnung
auf die Erfüllung deiner Verheißung.
So wird wahr sein,
daß deine Gnade bei uns bleibt
und wir geborgen sind
in deiner Gegenwart.
Wir vertrauen auf dein Wort:
»Wo ich bin,
da soll mein Diener auch sein!«
Wir danken dir, Herr.

JUDIKA

Mk 10, 35 – 45 / Hebr 5, 7 – 9
Gehorsam Christi / Erlösung / Heil

Herr Jesus Christus.
Wir gedenken deines Leidens und Sterbens.
Du hast den bitteren Kelch des Leides
bis zur Neige geleert.
Wir beten dich an, Herr,
deinen Gehorsam,
deine Demut,
deine unergründliche Liebe,
die sich schließlich am Kreuz bewährte.
An dem Holz des Kreuzes
hast du unsere Schuld gesühnt
und uns eine ewige Erlösung bereitet.
Heute bitten wir dich, Herr,
laß uns das Wunder deiner hingebenden Liebe erfahren,
damit wir nicht müde werden,
dich zu suchen.
Laß uns Wege des Gehorsams finden.
Verbinde uns untereinander
und mit dir,
daß wir den Menschen dienen in deinem Namen,
gerufen durch das Wort vom Kreuz,
an deinen Willen gebunden
und getragen von deiner Verheißung,
du Urheber des ewigen Heils.

In deinem Namen bitten wir:

PALMARUM

Jes 50, 4 – 9/Joh 12, 12 – 19/Phil 2, 5 – 12
Der gehorsame Gottesknecht / Nach dem Vorbild Christi

Ewiger, allmächtiger Gott.
In Jesus von Nazaret haben wir deinen Christus erkannt,
den König in der Niedrigkeit,
der seinen Einzug hält
bei uns,
wie damals,
in Jerusalem.
Wir bitten dich, Herr,
um die Offenheit,
die deinem Christus Raum gibt
in unserem Leben.
Laß uns auf dein Wort hören
und den Gehorsam der Nachfolge
einüben und durchhalten.
Stärke unseren Glauben
und führe uns zu dem Bekenntnis,
daß Jesus Christus der Herr ist,
in dem du geehrt wirst.

GRÜNDONNERSTAG

Mt 26, 26–28/Mk 14, 22–24/Lk 22, 19+20/1. Kor 11, 23–26
Abendmahl

Herr, wir sind nicht sicher,
daß wir dich erkennen
unter den Gaben von Brot und Wein.
Unsere Vorstellungskraft reicht dazu nicht aus.
Das Geheimnis ist groß.
So bitten wir dich:
Stärke uns den Glauben
an deine heilende Gegenwart.
Unser ganzes verkehrtes Leben
legen wir nieder vor dir,
denn du erkennst uns.
Wir sind dir ausgesetzt an deinem Tisch.
Das ist erschreckend
und tröstlich
und wunderbar.
Wir danken dir.

GRÜNDONNERSTAG

Abendmahl

Herr, wir sind Gäste gewesen
an deinem Tisch.
Und plötzlich standen wir da vor dir
als Zeugen von Golgota und Ostern,
am gleichen Ort,
zur gleichen Zeit.
Im Empfangen des heiligen Mahles
waren wir dabei.
So hast du uns hineingenommen
in die Bewegung des Heils,
in den Strom deiner Liebe
und in dein ewiges Leben.
Wir danken dir.

Beneker, Gebete zum Kirchenjahr   Sonnenweg-Verlag 7750 Konstanz

Karfreitag

Jes 53, 1–12 / Joh 19, 16–30 / 2. Kor 5, 19–21
Erlösung / Schmerzensmann

Du mein Herr und Erlöser,
gekreuzigter König,
du großer Schmerzensmann.
Ich danke dir für dein Opfer,
für dein Leiden,
für deinen Tod.
Um meinetwillen hast du dies alles getragen.
Du hast deine Unschuld
gegen meine Schuld gesetzt,
deinen Gehorsam
gegen meinen Ungehorsam,
deine Gerechtigkeit
gegen meine Ungerechtigkeit
und deinen Frieden
gegen meine Friedlosigkeit.
In dem allem bist du der Sieger,
du,
der Mann am Kreuz,
der in seinem Opfer
meine Erlösung vollbringt.
Darin, Herr,
laß mich auch weiterhin geborgen sein, –
in deinem Wort:
»Es ist vollbracht!«

Amen, ohne Vorbehalt

INVOKAVIT – JUDIKA

Passionsandachten
Herr, du begegnest uns jeden Tag

In dieser Zeit gedenken wir
deines Leidens und Sterbens.
Im Gedenken versuchen wir,
diesen Weg mitzugehen.
Aber wir haben Zweifel –
nicht an deinem Leiden und an seiner Frucht,
sondern an der Richtigkeit unseres Gedenkens.
Kann die fromme Versenkung
nicht ganz falsch sein?

Herr,
du begegnest uns auf allen Landstraßen der Welt,
in jedem Leidenden,
in jedem Trauernden,
in jedem Hungernden.
Du begegnest uns jeden Tag,
in jedem Trinker,
in jedem Drogensüchtigen,
in jedem Einsamen.
Laß auch dies die Frucht deines Leidens sein,
daß wir in das Leid und die Not dieser Menschen hineingehen,
sie nicht allein lassen,
sondern sie suchen
in der Solidarität der Menschlichkeit.
Weil du alles Menschenleid
und alle Menschenschuld
auf das Holz des Kreuzes getragen hast,
darum finden wir dich in ihnen
und in uns.

Beneker, Gebete zum Kirchenjahr Sonnenweg-Verlag 7750 Konstanz

INVOKAVIT – JUDIKA

Passionsandachten Mt 26, 40+41/Mk 14, 32 – 42

Getsemani –
Ort des Kampfes für dich,
Ort der Auseinandersetzung mit dem Vater.
Ort der Unterwerfung.
Getsemani –
Ort der Schwäche,
Ort der Müdigkeit,
Ort des Schlafes der Jünger.
Und dann dein Wort:
Könnt ihr nicht eine Stunde mit mir wachen?
Wachet – betet –
damit ihr nicht in Anfechtung fallt!

Wir finden uns wieder in deinem Wort,
wir sind getroffen,
weil wir schliefen wie sie.
Damals wie heute
findest du deine Jünger schlafend.
Schlafend treiben wir im Strom der Zeit,
im Strom der Masse,
im Strom der Gleichgültigen.
Aber du hast uns berührt, Herr:
Wachet – betet!
Wir möchten dieses Wort mitnehmen, Herr,
in unsere Tage und Nächte,
in unser Leben.
Schenke und erhalte uns ein waches Bewußtsein
für dich, –
für dich in Getsemani und heute.

INVOKAVIT – JUDIKA

Passionsandachten Mt 27, 32/Mk 15, 20ff/Lk 23, 26

Herr, eigentlich war er doch unbeteiligt,
wie wir.
Er ging doch nur vorüber,
wie wir,
und was mit dir geschah,
ging ihn eigentlich nichts an.
Und dann, ganz plötzlich, betraf es ihn doch.
Sie haben ihn unter dein Kreuz gezwungen,
Simon, den Mann aus Kyrene in Afrika.
Er kannte dich nicht,
aber er half dir, dein Kreuz zu tragen.
Und du Herr, hast seine Hilfe angenommen;
die erzwungene Hilfe,
die Hilfe des Ohnmächtigen.

Voll Staunen erkennen wir
den Zusammenhang mit uns selbst.
Ich bedarf euer! – sagst du.
Ich bedarf der Ohnmächtigen
in der gehorsamen Nachfolge unter dem Kreuz!
Ich brauche euch! – sagst du,
ich will eure Hilfe,
euren Dienst;
ich will, daß ihr mit mir geht
unter dem Kreuz! – sagst du.

So gehen wir denn unter dem Kreuz
und erfahren die wunderbare,
die immer wieder erstaunliche
Umkehrung der Verhältnisse.
Wir sind nicht allein.
Du bist immer dabei,
du trägst immer noch das Kreuz, –
unser Kreuz.
Wir danken dir, Herr.

Beneker, Gebete zum Kirchenjahr   Sonnenweg-Verlag 7750 Konstanz

INVOKAVIT – JUDIKA
Passionsandachten

Ja, Herr, es mußte wohl so sein.
Du kanntest nur diesen Weg,
uns deine ewige
und unergründliche Liebe zu zeigen,
den Weg, der das Leiden und Sterben
deines Sohnes forderte.
So steht er nun vor uns
und wir schauen auf ihn,
den Mann am Kreuz.
Durch sein Leiden,
– sein ganzes Leben in dieser Welt war Leiden –
hast du uns gerufen.
Du hast um uns gekämpft
und am Kreuz hast du gesiegt.
So hast du deine Liebe bewährt.
Laß uns dieser Liebe glauben,
auch in den dunklen Stunden unseres Lebens.
Wenn wir Wege des Dunkels
und des Leides geführt werden,
dann wecke in uns das Vertrauen,
daß alles menschliche Leid
im Leiden
unseres Herrn
Jesus Christus geborgen ist.
Nach seinem Vorbild
hilf uns zur Beugung und Einsicht
unter sein Wort:
Nicht wie ich will,
sondern dein Wille geschehe!

INVOKAVIT – JUDIKA

Passionsandachten Mt 27, 45 – 50

Herr, unser himmlischer Vater.
Die Welt ist voll Angst. Die Ängste treiben uns um. –
Lebensangst und Todesangst und alle Ängste, die dazwischenliegen.
Wir versuchen, sie zu vertreiben
und können sie doch nur betäuben mit Geschäftigkeit
und lauter, aufgesetzter Fröhlichkeit,
je nach Neigung und Temperament.
So verdrängen wir sie nach innen,
bis sie mit neuer Gewalt hervorbrechen und uns krank machen.
Ach, Herr, hier kannst nur du uns weiterhelfen.
Heile unser Leben.
Laß uns den Trost erfahren und ernstnehmen,
daß auch dein Sohn Angst hatte
in der Einsamkeit des Kreuzes.
Er hat seine Angst herausgeschrien:
»Mein Gott, mein Gott, warum hast du mich verlassen?«
Ja, auch er hat
die Gottverlassenheit durchschritten
in ihrer ganzen Tiefe.

Nun ist sie nicht mehr zwingend.
Wenn in der Ferne von dir
unsere Ängste wachsend unser Leben bedrohen,
dann laß uns daran denken,
daß Jesus Christus auch diese Räume ausfüllt
mit seiner heilenden Gegenwart.
Nun dürfen wir unsere Ängste
hinausschreien, wie er,
und frei werden.
So wie du ihn über das Kreuz hinausgeführt hast,
in das Licht des Ostermorgens,
so willst du auch uns berufen zum Leben,
durch die Schatten der Angst
und das Tal des Todes
in den Freiraum der österlichen Freude.

Beneker, Gebete zum Kirchenjahr   Sonnenweg-Verlag 7750 Konstanz

Ostern – Exaudi

Dieses Licht, Herr, dieses Licht,
dieser strahlende Glanz deines Sieges;
Licht der österlichen Freude,
das alles verwandelt:
Aus Hoffnungslosen werden Hoffende,
aus Trauernden und Verzagten
werden Getröstete
und aus Mutlosen werden Fröhliche.
Uns Tote rufst du zum Leben,
das du selbst hervorgebracht hast
im Licht des österlichen Sieges.
Wir danken dir, unser Gott,
für diese heilende Kraft,
die unser Leben verändert
und verwandelt zu einer neuen Qualität.
Du hast uns Sterbende
zu einem auferstandenen Leben berufen.
Wir danken dir.

OSTERN

Joh 21, 1–14
Auferstehung

Manchmal, lieber Herr,
will die Freude aus unseren Herzen weichen.
Wir gleichen dann den Jüngern am See.
Bedrückt und verzagt waren sie umgekehrt,
nach allem, was sie mit dir erlebt hatten:
Was sollen wir sonst tun? –
Wir werden fischen!
So ist das auch mit uns, Herr.
Der Alltag greift nach uns
und nimmt uns gefangen.
Zu wenig Platz für die Freude des Glaubens!
Das ist unser Problem.
Deine Jünger am See
haben dich erkannt.
Sie wußten, daß du es warst.
Dann hast du sie an die Arbeit geschickt,
die reichen Segen brachte.
Wir bitten dich, Herr,
laß dies auch unsere Erfahrung sein,
daß du bei uns bist und uns sendest.
Dann brauchen wir nicht zu fragen,
ob du es bist.
Wir werden es wissen –
im Glauben wissen.

OSTERN
Lk 24, 13–35

Herr, es ist wahr,
wir sind unterwegs,
wie die Jünger unterwegs waren
von Jerusalem nach Emmaus.
Vielleicht sind wir nicht immer
so bewegt wie sie
von dem, was in Jerusalem geschah,
von deinem Leiden und Sterben.
Es ist ja schon so lange her.
Aber wir sind unterwegs wie sie.
Herr, nun bitten wir dich heute
um deine Begleitung.
Öffne unsere Herzen,
sage uns dein Wort,
daß wir vor dir brennen.
Bleibe bei uns Herr,
denn es will Abend werden.
Unsere Tage neigen sich.
Und dann brich uns dein Brot.
Gib dich zu erkennen, Herr,
und laß uns umkehren auf den richtigen Weg
zur österlichen Freude.

OSTERN

Zuversicht und Hoffnung

Herr, unser Gott.
Wir leben in begrenzten Horizonten.
Wir waren gefangen in diesen Grenzen,
im Einerlei der Tage
mit Mühsal und Not,
mit Haß, Leid und Tod.
Sicher hat dieser Horizont unseres Daseins
auch manchmal Freuden für uns bereit.
Aber es sind kurzlebige und vergehende Freuden.
Trotzdem danken wir dir dafür.
Nun aber, o Herr, hast du die Grenzen gesprengt.
Die Botschaft vom Sieg des Lebens
läßt uns in österliche Freude
durch den Horizont sehen.
Du erfüllst unser Leben
mit Zuversicht und Hoffnung.
Seit Ostern wissen wir,
daß wir dir entgegenleben.
Gepriesen sei deine Barmherzigkeit.

QUASIMODOGENITI

Kol 2, 12 – 15 / 1. Petr 1, 3
Die neue Geburt

Quasimodogeniti –
als die neugeborenen Kinder?
Leben wir so vor dir, Herr?
Es ist so vieles, was uns bedrängt:
Wir hören von Kriegen und Kriegsgeschrei
und oft beteiligen wir uns daran;
wir wissen vom Hunger in der Welt
und tun zu wenig;
wir reden von Gerechtigkeit
und praktizieren sie nicht.
Ach Herr, laß deine Auferstehung
in uns und für uns zur Wirklichkeit werden.
Schenke uns auferstandenes Leben.
Lehre uns Glauben und Vertrauen
und laß darin unser Leben heil werden.
Überkleide uns täglich neu mit dem,
was du uns in der Taufe geschenkt hast.
Herr, bewahre uns davor,
deinen Tod und deine Auferstehung
hinzunehmen als unverlierbaren Besitz.
Laß uns haben, als hätten wir nicht.
Und laß dies immer wieder neu beginnen:
Begraben sein mit dir
und auferstehen durch die Kraft Gottes,
die in uns Schwachen mächtig sein will.

MISERICORDIAS DOMINI
Hes 34, 11–16/Joh 10, 11–16; 27+28a
Der gute Hirte

Herr, wir erkennen dich
im Bild des guten Hirten.
Du suchst uns in unergründlicher Liebe.
Du gehst uns nach mit unendlicher Geduld.
So schaffst du uns den Freiraum des Lebens.
Aber, Herr, wir sehen auch
die vielen Nöte dieser Welt.
Wir möchten helfen,
doch uns fehlt die Entschlossenheit.
Wir möchten dem Hunger wehren,
aber unser Egoismus ist größer
als unsere Einsicht.
Wir möchten Frieden in der Welt
und sind doch selbst so wenig friedfertig.
So weichen wir dir immer wieder aus.
Wir laufen dir immer wieder davon,
dir, dem guten Hirten.
Wir sind verirrte Schafe.
Und du?
Du suchst uns,
du findest uns
und nimmst uns wieder auf in deine Herde,
in den Freiraum des Lebens.
Wir danken dir, Herr.
Schenke uns Vertrauen
und die Entschlossenheit,
dir endlich mehr zu gehorchen.

JUBILATE

2. Kor 4, 16–18 / 2. Kor 5, 17
Die neue Schöpfung / Freude

Herr,
öffne uns die Herzen,
öffne uns die Lippen
und löse unsere Zungen,
daß wir einstimmen in den Jubel
dieser österlichen Zeit.
Wir wollen uns freuen, Herr,
freuen an unserer Freude;
freuen in unserer Freude;
freuen aus unserer Freude;
freuen über unsere Freude;
freuen mit unserer Freude
über das Leben,
das du herrlich hervorbringst.
Wunderbar ist dein Tun
an uns Menschen.
Du hast uns zur Freiheit gerufen,
zum Leben aus dir,
in dir
und mit dir!
Zur Auferstehung hast du uns gerufen.
So verwandelst du unser Leben.
Wir danken dir, unser Gott,
und lobsingen
zur Ehre deines Namens.
Unser Gebet nimm gnädig an
und bleibe bei uns
mit deiner Güte.

KANTATE
Ps 30, 12/Ps 98, 1/Kol 3, 12 –17
Das neue Lied

Herr, unser Vater,
wunderbar hast du den Menschen gemacht.
Du hast ihn ausgestattet mit wunderbaren Gaben,
wie Gehör und Stimme.
So kann er antworten
auf die Erfahrung deines Wortes
mit einem Loblied auf den Lippen.
So wollen wir heute einstimmen
in das alte
und doch immer wieder neue Lied der Kirche.
(Wir wollen das Wunder aller Wunder preisen,
die Auferstehung unseres Herrn.)
Du weißt aber, Herr,
es fällt uns nicht immer leicht.
Die Schatten des Alltags
wollen das dankbare Lied
von unseren Lippen verdrängen.
Unser Dank schlägt oft in Klage um
und unsere Freude in Sorge.
So bitten wir dich, Herr,
laß unter uns die Kraft deiner Auferstehung
wirksam werden.
Laß uns teilhaben an deinem Sieg.
So wird sich unsere Klage
verwandeln in einen Reigen.
Selbst in Todeserfahrung und Leid
werden wir mit Freude gegürtet sein
und dir lobsingen, weil du lebst
und uns ein auferstandenes Leben schenkst.

Rogate

Ps 66, 20/Röm 8, 15/Gal 4, 6

Du unser Gott,
du König und Herr unseres Lebens.
Wir beten dich an,
wir loben deinen Namen,
wir kommen zu dir
mit unserem Dank
und unseren Bitten.
Vor allem laß in uns
das Vertrauen wachsen,
daß du unser Gebet erhörst.
Wir danken dir, Herr,
für die Botschaft von Jesus Christus,
für seine Liebe,
seinen Tod und sein Leben.
Laß ihn in uns lebendig sein.
In ihm schenke uns Freiheit,
Kraft
und Segen.
Auf sein Wort
und durch ihn
nennen wir dich Abba,
lieber Vater.
Das ist wunderbar,
und wir danken dir.

Pfingsten

PFINGSTEN
Joh 4, 24; 14, 6; 14, 23 – 27

Herr, unser Gott,
wir möchten dich anrufen.
Darum bitten wir:
sende uns deinen Geist,
der die Wahrheit ist.
Im Geist und in der Wahrheit sein,
ist ein hoher Anspruch.
Wir wissen,
daß wir ihm nicht gerecht werden
ohne deine Vergebung.
Darum bekennen wir vor dir unsere Schuld.
Die Geringschätzung deiner Wahrheit
ist unsere Schuld.
Wir haben an dir vorbeigelebt.
Aber du hast uns erreicht.
Den Weg, die Wahrheit und das Leben
hast du uns bereitet durch Jesus Christus,
unseren Herrn.
Laß uns ihm folgen,
seinem Wort und seiner Vergebung vertrauen.
Laß uns aus seiner Kraft schöpfen
und so leben,
daß man erkennen kann,
wes Geistes Kinder wir sind.

PFINGSTEN
Sach 4, 6

Gott, Heiliger Geist,
Geist des Vaters und des Sohnes,
mit deiner Kraft füllst du die Räume –
Zeit und Ewigkeit.
Du Schöpfer Geist, *bewege uns*
schaffe uns neu und erleuchte diese Welt
mit der Kraft deiner Barmherzigkeit.
Du Geist des Herrn,
gib uns den Trost des Glaubens,
die Weisheit der Liebe,
die Kraft der Umkehr
und endlich Ruhe in dir.

Trinitatiszeit

TRINITATIS

Jes 6, 3 / Röm 11, 33 – 36

Gott, Vater, Sohn und Geist,
heilige und unbegreifliche Dreieinigkeit,
Herr, unser Gott.
Wir können
das Geheimnis deines Wesens nur hinnehmen.
Erklären können wir es nicht.
Und doch rufen wir dich an,
dankend und lobend.
In dir, Gott, den Vater zu erkennen,
in dir, Christus, den Erlöser zu preisen
und im Geist vom Vater und vom Sohn
Trost und Kraft für unser Leben zu empfangen,
soll uns genug sein.
Du, Herr, dreieiniger Gott,
bist in allem und über allem.
Sei nun auch der Herr unseres Lebens
und halte uns in der Spur deines Heils.
Führe uns Wege zum Menschen,
Wege der Liebe,
Wege des Verständnisses,
Wege der Vergebung.
(Führe uns, o Herr,
und leite unseren Gang nach deinem Wort.)
Gott Vater, Sohn und Geist,
heilige und unbegreifliche Dreieinigkeit,
du unser Herr und Gott,
wir danken dir.

1. Sonntag nach Trinitatis

Lk 16, 19–31
Arm und reich / Brüderlich teilen

Ach Herr,
es scheint ein Grundmuster des Lebens
in dieser Welt zu sein:
reich und arm
stehen sich gegenüber,
teilnahmslos die einen
und in stummen Leiden die anderen, –
der reiche Mann
und der arme Lazarus!
Es ist kein Zweifel möglich, Herr,
ich gehöre zu den Reichen.
Ich wohne in einer Klimazone,
die Ernährung möglich macht.
Ich lebe in einer Gesellschaft,
in der die Menschenrechte gelten.
Ich habe Arbeit und meine Existenz ist gesichert.
Ich nehme teil an den Errungenschaften der Technik,
an den Erkenntnissen der Wissenschaften,
an einer guten ärztlichen Versorgung
und am Reichtum der Kunst in all ihren Bereichen.
Für dies alles danke ich dir, Herr.
Aber in mir sitzt eine tiefe Angst davor,
ich könnte diesen Reichtum einfach verbrauchen,
egoistisch und ohne Rücksicht.
Davor bewahre mich, Herr,
teilnahmslos dem Elend dieser Welt zuzusehen,
Zuschauer zu bleiben und innerlich unbeteiligt,
wenn andere von Abfällen leben müssen, wie Lazarus.
Erhalte mir ein waches Gewissen, Herr,
schärfe mir den Blick für die Nöte der Welt.
Lehre mich dankbar zu bleiben für die vielen Gaben
und lehre mich, brüderlich zu teilen.
Dann darf ich dich am Ende loben,
geborgen im Schoß deiner Liebe,
wie Lazarus.

2. Sonntag nach Trinitatis
Lk 14, 15 – 24 / 1. Kor 14, 1 – 3; 20 – 25
Die Einladung Gottes

Herr, unser Vater,
aus aller Welt,
allen Völkern und Sprachen
rufst und sammelst du dein Volk.
Wir danken dir für das große Maß an Geduld und Liebe,
mit denen du uns nachgehst und uns einlädst,
zu dir zu kommen,
bei dir zu bleiben,
in deinem Reich.

Jesus, unser Bruder,
du baust an deiner Gemeinde.
Wir danken dir für deine Einladung
zu deinem Mahl, unter dein Wort.
Von den Landstraßen des Lebens
und den Zäunen unserer Angst,
rufst du uns in den Freiraum
der Gemeinschaft mit dir.
Wir danken dir.

Du Geist des Herrn,
Kraft Gottes,
Tröster der Betrübten,
unfaßbarer und unbegreiflicher
Heiliger Geist.
Als Schöpfer einer neuen Wirklichkeit
rufst du uns in die Gemeinschaft
der Heiligen.
Mit deiner Kraft
verwandle unser Leben.
Laß uns zu Mitarbeitern werden
an deinem Werk,
und führe uns zur Einheit deines Volkes,
das dein Lob singt
mit einer Stimme.

3. Sonntag nach Trinitatis

Lk 15, 1–10
Vergebung / Sünderheiland / Abendmahl

Sie haben es dir zum Vorwurf gemacht, Herr,
aber du hast dich nicht beirren lassen.
Deine Liebe war stärker
als ihre Gesetze.
Deine Liebe ist auch heute stärker als alles,
was uns von dir trennen könnte.
Du nimmst die Sünder an
und hast Tischgemeinschaft mit ihnen, –
mit uns, –
mit mir.
Wir gingen in die Irre wie verlorene Schafe,
aber deine Liebe holte uns ein,
fand uns
und nahm uns auf mit Freuden.
Komm, Herr,
komme auch heute zu uns.
Nimm uns auf bei dir,
an deinem Tisch,
in deine Gemeinschaft, –
uns Sünder,
uns verlorene Schafe.

Beneker, Gebete zum Kirchenjahr   Sonnenweg-Verlag 7750 Konstanz

4. Sonntag nach Trinitatis

Lk 6, 36 – 42 / Röm 14, 10 – 13 / Gal 6, 2
Einer trage des anderen Last / Barmherzigkeit

Mit Lob und Anbetung treten wir vor dich,
denn es ist wunderbar,
dir zu danken,
dein Lob zu singen
und deinen Namen zu preisen.
Deine Barmherzigkeit, Herr,
ist unermeßlich.
Hilf auch uns,
Barmherzigkeit zu üben.
Bewahre uns davor,
mit ausgestrecktem Zeigefinger
auf andere zu zeigen.
Laß uns selbstkritisch werden –
unsere eigenen Fehler suchen,
und um Besserung bemüht sein.

5. Sonntag nach Trinitatis

Lk 5, 1–11 / 1. Kor 1, 18–25 / Eph 2, 8
Nachfolge / Das Wort vom Kreuz

Herr, mit der Gewalt deines Kreuzes
hast du die Grenzpfähle zerschlagen,
die uns trennten vom Vater.
Die Macht deiner Ohnmacht am Kreuz
besiegte den Haß,
die Gleichgültigkeit
und die Unmenschlichkeit
mit Liebe.
Das Wort vom Kreuz geht nun mit uns,
mit den Einsamen und Verlassenen,
den Verstoßenen, Verfolgten und Gequälten,
mit den Verbannten und Geknechteten.
Das Wort vom Kreuz setzt uns auf ihre Spur,
sie zu besuchen und zu heilen.
So laß es uns aufnehmen,
das Wort vom Kreuz, –
eine Torheit vor der Welt, das ist wahr.
Und doch ist es die Kraft,
die uns in Bewegung setzt,
Gottes Kraft,
die in uns Schwachen mächtig wird.

6. Sonntag nach Trinitatis
Jes 43, 1 / Mt 28, 16 – 20 / Röm 6, 3 – 8
Taufe

Du hast dein Volk gerufen, Herr,
bei seinem Namen hast du es gerufen.
So sammelst du deine Gemeinde,
die den Namen Christi trägt,
aus allen Sprachen und Völkern.
Wir danken dir, unser Gott,
daß du uns in der Taufe
teilhaben läßt
am Tod
und am Leben
unseres Herrn Jesus Christus.
Erhalte uns bei dir
und sende uns,
den Menschen deine Wahrheit zu bezeugen,
daß die Nachricht deiner Gegenwart
sich ausbreitet,
bis an das Ende der Welt.

7. Sonntag nach Trinitatis

Joh 6, 1–15 / Eph 2, 19
Gottesdienst / Geborgenheit bei Gott

Herr, unser Vater,
aus der Unruhe unserer Tage
sind wir zusammengekommen,
um vor dir anzubeten,
dich zu loben
und dir zu danken.
Wir bitten dich,
schenke uns Gemeinschaft mit dir
und untereinander,
gewähre uns immer wieder
diese Pause,
dieses Atemholen
und Schöpfen aus der Gabe deines Wortes. *und Sakramentes*
Gib uns die Zuversicht des Glaubens,
die dich betend zu erreichen sucht.
Laß unter uns die Gewißheit wachsen,
daß wir geborgen sind
in deinen Zeichen und Wundern
durch Jesus Christus,
unseren Herrn.

Beneker, Gebete zum Kirchenjahr   Sonnenweg-Verlag 7750 Konstanz

8. Sonntag nach Trinitatis

Jes 2, 1–5 / Mt 5, 13–16 / Eph 5, 8b–14
Frieden / Kinder des Lichtes

Herr,
in dieser friedlosen Welt,
die geschüttelt wird von Revolutionen und Kriegen,
die leidet unter den Dunkelheiten
von Hunger und Krankheit,
trifft auf uns deine Verheißung:
Schwerter sollen zu Pflugscharen werden,
und Spieße zu Sicheln.
Friede soll herrschen
unter den Völkern,
und wir sollen leben
in deinem Licht.
Herr, es ist wunderbar,
was der Prophet verheißt.
Wir bitten dich:
Mache uns zu Trägern und Zeugen
deines Evangeliums des Friedens.
Laß uns Kinder deines Lichtes werden
und eintreten für Gerechtigkeit und Wahrheit,
damit sich Frieden ausbreitet,
und die Völker dein Lob singen,
Gott des Friedens.

9. Sonntag nach Trinitatis
Mt 25, 14–30
Gaben Gottes

Herr, es ist wunderbar,
wie du den Menschen gemacht hast.
Du hast ihn ausgestattet
mit unterschiedlichen Gaben und Talenten.
Das macht den Reichtum des Lebens aus,
daß unsere Möglichkeiten
so verschieden sind.
Wie arm wäre unsere Welt,
unser Leben,
ohne all diese Talente,
die gestaltend und fördernd
in unser Leben hineinwirken.
Die Wissenschaftler, Techniker, Künstler,
Arbeiter, Bauern,
ja, alle, die tätig sind,
tragen Dank ihrer guten Begabung bei
zum Reichtum des Lebens.
Heute bitten wir dich, Herr,
gib uns Kraft und Mut,
die Gaben zu nutzen,
die du uns gegeben hast,
und sie nicht verkümmern zu lassen.
In der Verantwortung vor dir
wollen wir unsere Gaben einsetzen
zur Ehre deines Namens
und zur Verwirklichung unseres Glaubens
an dein ewiges Reich.

10. Sonntag nach Trinitatis

Ps 33, 12/Lk 19, 41–48
Juden / Kirche

Herr,
deinen Weheruf über Jerusalem,
deine heilige Stadt,
laß uns zur Warnung dienen.
Dich nicht suchen,
deine Nähe nicht wollen,
dein Evangelium verachten,
und deiner Berufung ausweichen,
das alles, Herr,
laß fern von uns sein.
Reinige durch deine Vergebung
deine Kirche,
wie du einst den Tempel gereinigt hast.
Reinige unser Leben,
reinige unsere Herzen,
daß wir selbst zu deinen Tempeln werden,
dich zu loben,
dir zu danken,
dich anzubeten,
Vater,
Sohn
und Heiliger Geist.

11. Sonntag nach Trinitatis

Lk 18, 9–14 / Röm 3, 28 / Eph 2, 4–10
Pharisäer und Zöllner / Frömmigkeit

Herr, manchmal beschleicht mich die Angst,
daß ich gerade mit meiner Frömmigkeitsform
anderen den Weg zu dir verbaue.
Warum ist das so, Herr?
Wir Christen sind manchmal so
entsetzlich gerecht,
so gesetzlich,
so fordernd und hart.
Dann tun wir so,
als ob *wir* deine Gesetze erfüllt hätten
und nicht Christus,
dein Christus.
Heute bitten wir dich, unseren Vater:
Mache uns durchsichtig für deine Liebe,
mit deiner Gnade durchleuchte unser Leben,
daß dein Erbarmen
an uns sichtbar werde.
Laß uns glaubwürdig bezeugen:
Du allein bist unser Erlöser!
Deine Gnade allein ist unsere Rettung!
Deine Liebe allein weist uns den Weg!
Der Glaube allein,
und nicht unsere Werke,
hält uns fest bei Jesus Christus,
unserem Herrn.

12. Sonntag nach Trinitatis
Jes 35, 5–10 / Mk 7, 31–37
Zeugnis

Herr, unser Vater,
aus der zeichenhaften Geschichte
von der Heilung des Taubstummen
laß uns erkennen:
Durch Jesus von Nazaret
ist eine alte Verheißung erfüllt.
Taube hören
und Sprachlose reden!
Ach, Herr, laß uns zu den Betroffenen gehören.
Öffne unsere Ohren für dein Wort
und löse uns die Zungen,
wenn es darum geht,
dein Evangelium weiterzusagen,
von unserem Glauben zu erzählen,
dein Lob zu singen
und dir zu danken.

13. Sonntag nach Trinitatis

Lk 10, 25–37
Der barmherzige Samariter

Im Bild des barmherzigen Samariters
erkennen wir dich,
Jesus Christus, unsern Herrn.
In unendlichem Erbarmen
wendest du dich dem Menschen zu,
der unterwegs ist,
geschunden und geschlagen,
verachtet und ausgeliefert
an den Feind von Anfang an.
Wir danken dir, Herr,
daß du uns nicht liegen läßt
an den Landstraßen des Lebens.
Du tröstest und heilst.
Du birgst uns in deiner Herberge,
deiner Kirche.
Wir danken dir, Herr,
und bitten dich,
uns zu senden
in deinem Namen, Gleiches zu tun denen,
die unter die Mörder fielen.

14. Sonntag nach Trinitatis

Röm 8, 12 – 17
Gotteskindschaft / Ängste und Sehnsüchte

Herr, es ist wahr,
eine tiefe Sehnsucht sitzt in mir.
Sehnsucht nach Frieden
und Harmonie, die mir fehlen.
Aber auch Angst ist in mir.
Lebensangst
und Todesangst
und alle Ängste, die dazwischenliegen.
Die Angst macht mich unsicher
und unfrei.
Sie knechtet Geist und Gefühle,
bedrängt Leib und Seele.
Ich will sie betäuben und verdrängen,
aber dann bricht sie wieder hervor,
mit großer
krankmachender Kraft.
Herr, ich weiß nicht,
warum ich so getrieben werde,
warum Ängste und Sehnsüchte
mein Lebensgefühl mehr bestimmen
als Gelassenheit,
Zuversicht und Vertrauen.
Darum bitte ich dich mit deiner Gemeinde
um die Kraft deines Geistes,
der lebendig macht,
denn welche der Geist Gottes treibt,
die sind Gottes Kinder.
Ich bitte um Vertrauen in deinen Vaternamen
und um die Hoffnung
auf die Herrlichkeit deines Reiches.

15. Sonntag nach Trinitatis
1. Mos 2, 4–15
Schöpfungsordnung / Umwelt

Herr, himmlischer Vater,
deine gute Schöpfung
umgibt uns von allen Seiten.
Wir selbst gehören ihr an,
als Werk deiner Hände, gestaltet
nach deinem Bild
und mit deinem Auftrag,
diese Erde zu bebauen
und zu bewahren.
Wir aber beuten sie aus,
rücksichtslos,
profitgierig,
ohne Vernunft
und ohne Bedenken.
Als Anbeter industriellen Segens
sorgen wir für regulierte Gewässer,
aber Fischotter und Biber haben keine Chance.
Wir sorgen für Trinkwasser aus Tiefbrunnen
und lassen die Feuchtgebiete austrocknen
und den Sonnentau sterben.
So und anders
zerstören wir diese Erde;
den Raum menschlichen Lebens,
den du uns anvertraut hast.
Herr, vergib uns unser Versagen
und dann laß uns dafür eintreten,
daß wir deine Schöpfung endlich
respektieren
und bewahren.
So laß uns auch mit Menschen
verantwortlich umgehen,
brüderlich und liebevoll
und in einem jeden
dein Ebenbild erkennen.

Beneker, Gebete zum Kirchenjahr   Sonnenweg-Verlag 7750 Konstanz

16. Sonntag nach Trinitatis
Joh 11 i. A./2. Tim 1, 10b
Sieg des Lebens

Herr,
wir hörten von Lazarus,
dem Mann aus Betanien.
»Er war tot«,
heißt es.
»Du hast ihn gerufen,
aus dem Tod hast du ihn ins Leben gerufen«,
heißt es.
In der Welt erhebt sich ein Sturm der Entrüstung.
Das darf nicht wahr sein,
daß einer sich zum Herrn über den Tod macht,
sich als mächtiger erweist
und den Tod besiegt.
Schließlich bist du an dieser Entrüstung gestorben.
Nicht ahnungslos,
sondern wissend
haben sie dich getötet,
Herr des Lebens.
Und wieder hast du dich als der Stärkere erwiesen.
Dem Tod hast du die Macht genommen.
Im Licht deines österlichen Sieges
hast du Leben hervorgebracht,
mit dem du unser Leben
lebendig machst.
Wir danken dir.

17. Sonntag nach Trinitatis

Röm 10, 9–17/1. Joh 5, 4b
Wort Gottes

Herr, dein Wort zu hören,
den wunderbaren Trost deines Evangeliums zu erfahren,
macht uns dankbar und froh.
Die Begegnung mit deinem Wort
und deiner Zuversicht,
weckt Glauben
und läßt uns teilhaben an deinem Sieg,
der die Welt überwunden hat.
Erhalte uns, Herr,
in dieser Gewißheit,
wenn der Zweifel nagt,
wenn Sorgen uns bedrücken
und uns den Blick für dein Evangelium verdunkeln.
Schenke uns Hoffnung,
die aus deinem Wort lebt
und mache uns zu Boten
deiner guten Botschaft,
deiner Liebe,
deines Friedens.

18. Sonntag nach Trinitatis
Mk 12, 28–34 / 1. Joh 4, 21
Liebe zu Gott / Nächstenliebe

Herr, wir sind vielen Menschen begegnet
im Laufe der Woche.
Wie haben wir uns verhalten?
Waren wir geduldig und nachsichtig?
Waren wir durchsichtig für deine Liebe?
Wir müssen wohl bekennen,
daß es uns nicht immer gelungen ist.
Herr, wecke in uns
Liebe zu dir
und laß uns verstehen,
wie Gottesliebe und Nächstenliebe
einander bedürfen und zusammengehören.
Laß uns menschlich miteinander leben
und menschlich miteinander umgehen.
Laß unser Tun und Lassen,
unser Denken und Wollen,
bestimmt sein
von deiner barmherzigen Güte,
die in Tod und Auferstehung unseres Herrn
sichtbar geworden ist.
Du rufst uns, Herr,
und läßt uns Bürger deines Reiches sein.
Laß uns diesen Ruf nicht überhören.

19. Sonntag nach Trinitatis

Jer 17, 14/Jer 33, 6/Mk 2, 1–12
Vergebung

Herr, die wandelnde Kraft deines Wortes,
deiner Liebe und deiner Vergebung
will in unser Leben hinein,
will uns heilen und gesundmachen.
So erneuerst du unser Leben
zur Erlösung,
zu einer neuen Schöpfung,
die du selbst hervorgebracht hast,
in Kreuz und Auferstehung
unseres Herrn Jesus Christus.
Wir danken dir, Herr,
und bitten dich um die Kraft,
in unserem Leben umzusetzen,
was du für uns getan hast.
Mache auch in unserem Leben
dein Wort zur Waffe gegen den Bösen
und sprich:
»Dir sind deine Sünden vergeben!«
So wollen wir dich loben und preisen.

Beneker, Gebete zum Kirchenjahr   Sonnenweg-Verlag 7750 Konstanz

20. Sonntag nach Trinitatis
Mk 10, 2 –12
Ehe

Unser Vater, wir danken dir.
Du hast uns aufeinander bezogen,
Mann und Frau.
Die Liebe der Geschlechter
ist begründet in deinem heiligen Willen.
So beschenkst du uns
mit der Gemeinschaft der Ehe,
die du zu halten gebietest,
als deine Ordnung.
Schenke uns Mut, deine Ordnung zu halten.
Laß die Welt und uns
nicht in Unordnung vergehen.
Wenn Zwiespalt und Mißtrauen aufkommen,
dann laß uns Frieden stiften.
Wenn sich Feindschaft aufbaut,
hilf uns, Versöhnung auszubreiten,
und wenn sich Ehepartner gleichgültig werden,
dann hilf, daß Herz und Sinn
zur guten Gemeinschaft zurückkehren.
Gib uns die Kraft,
unsere Kinder deine Schöpfungsordnung zu lehren
und ihnen vorzuleben,
daß unsere Ehen in dir gegründet sind,
allmächtiger, ewiger Gott.
Wir danken dir.

21. Sonntag nach Trinitatis
Mt 5, 38–48 / Röm 12, 21
Feindesliebe

Herr, wir sehen voll Sorge in unsere Welt.
Wir sehen sie bedroht von Kriegen und Kriegsgeschrei,
von Hunger und Krankheit,
vom Unverstand der Menschen,
welche die Erde ausbeuten
ohne daran zu denken,
daß sie Lebensgrundlagen
künftiger Generationen zerstören.
Wir danken dir, Herr,
daß du unsere Klage hörst
und deine Barmherzigkeit und Treue
täglich um uns sind.
Herr, halte uns frei
von den Gedanken der Vergeltung und Rache.
Lehre uns, auch in denen,
die sich gegen dich stellen,
die Brüder zu erkennen,
die du uns gegeben hast.
Verwandle unsere Feindschaften in Liebe.
Laß uns Böses überwinden
durch das Gute.
Erleuchte unser Leben,
du Sonne der Gerechtigkeit,
mit deiner nachgehenden Liebe und Barmherzigkeit,
durch Jesus Christus, unseren Herrn.

22. Sonntag nach Trinitatis

Ps 130, 4/Mt 18, 21–35
Friede / Vergebung

Herr, wir leben von deiner Güte,
von deiner Gnade und Vergebung.
Um uns so zu beschenken,
hat Jesus Christus
den Weg des Gehorsams beschritten.
Am Kreuz hat er um uns gekämpft.
Er hat es vollbracht,
daß wir trotz all unserer Schuld vor dir bestehen.
Von dir befreit und angenommen
wird unser Leben erst menschlich
und offen für andere.
Wir danken dir, Herr,
für deine Wohltat
und bitten dich:
Laß uns Vergebung und Frieden
in die Welt tragen,
immer wieder Vergebung und Frieden –
und wenn Haß unser Leben vergiftet,
dann treibe ihn aus
mit deiner Liebe.

23. Sonntag nach Trinitatis

1. Mos 18, 20–33 / Mt 22, 15–22
Gericht / Gerechtigkeit Gottes

Herr, die Kraft der Fürbitte
führst du uns vor Augen
mit dem Gebet Abrahams
für Sodom und Gomorra.
Aber du zeigst uns auch,
daß du der Richter bist
und dein gerechtes Gericht vollziehst.
Gerechtigkeit
ist das Stichwort für dein Wesen,
heiliger Gott,
und weil du sie bei uns nicht gefunden hast,
hast du sie für uns erworben,
durch Jesus Christus,
unseren Herrn.
Dafür danken wir dir.
Erhalte uns, Herr,
auf dem Weg gehorsamer Nachfolge,
daß wir dir Lob und Ehre geben,
wie es dir gebührt;
unserem Nächsten helfen
nach deinem Auftrag
und auch dem Staat nicht verweigern,
was ihm zusteht.

24. Sonntag nach Trinitatis

Mt 9, 18–26
Auferstehungshoffnung / Frieden mit Gott

Daß du, Herr,
der Gebieter über den Tod bist,
sagt uns die Botschaft von Ostern.
Zeichenhaft erkennen wir deine Macht,
auch in der Geschichte
von der Auferweckung der Tochter des Jairus.
Du willst uns sagen,
daß der Tod ein Schlaf zu Gott ist!
Es geht gewiß über unser Verstehen,
daß wir, aus der Finsternis errettet
in das Reich Jesu Christi,
unseres Herrn versetzt,
Vergebung und Erlösung erfahren.
Aber wir danken dir
und loben deinen Namen.
Du hast den Frieden gestiftet,
der ewig währt;
Frieden zwischen uns und dir;
Frieden durch das Blut unseres Herrn –
am Kreuz.
Wir danken dir.

Ende des Kirchenjahres

DRITTLETZTER SONNTAG IM KIRCHENJAHR

Röm 14, 7–9
Schuld des Lebens / Vergebung

Herr, unser Leben liegt vor dir
wie ein offenes Buch.
Es fällt dir nicht schwer, darin zu lesen.
Und vieles, was du darin liest,
wird dir nicht gefallen.
Es gibt Seiten in unserem Lebensbuch,
die sind rot vom Blut der Verfolgten und Unterdrückten.
Wir haben zu wenig getan
gegen die menschenverachtende Verfolgung.
Es kann dir nicht gefallen.
Andere Seiten unseres Lebensbuches
sind von der Unordnung beschmiert
und fettig von der Völlerei.
Es kann dir nicht gefallen.
Es gibt auch Seiten, die ganz leer sind.
Vertane und verschleuderte Zeit
ohne Sinn und Verstand
und ohne Erfüllung.
Es kann dir nicht gefallen.
Aber, Herr, da ist eine besondere Seite.
Der Name »Jesus Christus« steht darauf,
gestorben und gleichwohl lebendig,
Herr über Lebende und Tote.
Und weil du an dieser Seite Gefallen hast,
an dieser einen Seite
in unserem Lebensbuch,
nimmst du den Stift deiner Gnade
und streichst durch,
löschst alles, was dir mißfällt.
Damit wird unser Leben neu,
gereinigt und geheiligt,
Kraft deiner Barmherzigkeit:
Wir leben oder sterben,
wir gehören dem Herrn.
Danke, Herr, danke.

VORLETZTER SONNTAG IM KIRCHENJAHR
Mt 25, 31–46/Röm 8, 18–25
Volkstrauertag / Friede / Weltgericht

Ach Herr,
mit unserer Klage kommen wir zu dir.
Unsere Herzen sind voll Trauer.
Zuviel Blut ist geflossen in unserem Volk
und durch unser Volk.
Trauer und Scham lassen uns nicht los.
Wir haben zuviel gesehen,
um vergessen zu können.
Aber es darf auch nicht vergessen werden, Herr,
und wer könnte vergessen,
wo doch die Steine schreien.
Hilf uns, Herr, zu einem wachen Bewußtsein,
daß wir Frieden suchen –
Frieden, –
Frieden.
Halte von uns fern die Verblendung,
die der Gewalt mehr vertraut
als deiner Führung.
Laß uns arbeiten
an einer gerechten Gesellschaftsordnung
und wehre dem blinden Haß,
der gewaltsam verändern will
und nach Revolution schreit,
statt nach Frieden.
Gib uns lebendige Hoffnung, Herr,
die alles Vertrauen auf dich setzt
und auf die Zukunft deines Reiches.

Beneker, Gebete zum Kirchenjahr   Sonnenweg-Verlag 7750 Konstanz

Letzter Sonntag im Kirchenjahr

Mt 25, 1–13 / Offb 21, 1–7
Ewigkeit / Vollendung der Welt / Jüngster Tag

Herr, unser Gott und Vater,
in deiner unendlichen Liebe
offenbarst du dich als Richter der Welt.
Gericht!
Das Wort klingt bedrohlich,
anklagend und verurteilend.
Aber, Herr, wir danken dir.
Zu wissen, daß diese Welt ein Ziel hat
und der Vollendung entgegengeht,
ist ein wunderbarer Trost deines Evangeliums.
Im Kreuz und in der Auferstehung unseres Herrn
hast du die Endzeit anbrechen lassen.
Wir leben in dieser Zeit.
Laß in uns die Verantwortung wachsen,
die wir dieser Zeit und dieser Welt schulden.
Stärke uns in dem Glauben,
daß hier Entscheidungen deines Gerichtes fallen,
im Alltag unseres Lebens,
im Gottesdienst der Gemeinde,
in der Begegnung mit dir in Wort und Sakrament.
Herr, du bist der Kommende,
und wir gehen dahin.
Du bist der Lebendige
über unseren Tod.
Wir wollen uns deiner Zukunft trösten
und deines immer gegenwärtigen Gerichts,
das uns ausrichtet nach dir,
aufrichtet in Leid und Schuld
und schon gerichtet hat
im Kreuz unseres Herrn Jesus Christus.
Vertrauend auf deine Barmherzigkeit
leben wir deiner Zukunft entgegen.

Besondere Tage

ERNTEDANKFEST
Jes 58, 7–12 / Lk 12, 15–21 / 2. Kor 9, 6–15

Herr, unser Gott und Vater,
du Schöpfer und Geber der Welt
mit all ihren Gütern und Möglichkeiten.
Du hast uns ausgestattet
mit den Gaben des Leibes und des Geistes,
die nötig sind,
damit wir in freier Verantwortung
unseren Lebensunterhalt verdienen können.
Unsere Arbeit hat reiche Früchte getragen
und die Äcker haben uns das Brot zuwachsen lassen.
So reich hast du gesegnet.
Wir danken dir, Herr,
für die Gaben deiner Güte.
Laß uns der Hungernden gedenken
und lehre uns, brüderlich zu teilen.
Bewahre uns davor,
in satte Selbstzufriedenheit zu versinken
und laß uns deiner Gegenwart in Gericht und Gnade
immer gewärtig sein.

REFORMATIONSGEDENKEN
Ps 22, 23/Röm 3, 21–28/1. Kor 3, 11/Eph 4, 15 +16

Herr, unser Gott und Vater!
Du hast deine Kirche gerufen,
an deinem Werk teilzunehmen,
das Evangelium des Friedens zu verkündigen
und in deinem Namen
Liebe und Vergebung auszuteilen.
Dazu hast du uns dein Wort anvertraut.
Voll Staunen und Ehrfurcht erkennen wir die Wirkung deines Wortes.
Menschen aller Völker folgen deinem Ruf.
Laß uns nicht müde werden,
deine Wahrheit zu bezeugen und den Glauben zu leben,
durch den allein wir dir recht sind.
Laß uns Zeugen der lebendigen Hoffnung sein,
die uns in Jesus Christus begegnet.
Erwecke dir Boten deines Evangeliums in aller Welt.
Voll Dankbarkeit gedenken wir heute
des Werdens und Wachsens unserer Kirche.
Aber schmerzhaft empfinden wir auch den Riß,
der durch deine Gemeinde geht,
der deine Kirche trennt
in Konfessionen verschiedener Prägung.
Ach Herr, gib uns allen das rechte Maß
an Erkenntnis und Glauben,
damit wir dich gemeinsam loben,
dich den *einen* Hirten
einer Herde.

BUSS- UND BETTAG

Lk 13, 6–9 / Röm 2, 1–11
Buße / Vergebung

Herr, unser Gott,
Vater der Barmherzigkeit.
Vor dir müssen wir uns schuldig bekennen.
Wir haben versagt,
auf der ganzen Linie versagt.
Darum bitten wir dich, Herr:
Erbarme dich über unser Versagen!
Wir danken dir für deinen Ruf zur Umkehr
und dafür,
daß du uns Zeit und Gelegenheit gibst,
vom Irrtum zur Wahrheit zu finden.
Wir wissen, Herr,
du suchst nach den Früchten unseres Lebens.
Oft findest du sie nicht;
noch öfter verweigern wir sie dir.
Aber deine Geduld ist größer
und deine Liebe ist tiefer
als unsere Schuld,
als unser Verweigern
und unser Versagen.
Wir danken dir,
Herr, unser Gott.

GEDENKTAG DER ENTSCHLAFENEN
Ps 90, 12/Joh 5, 24–29/1. Kor 15, 35–38; 42–44a

Herr, wir bekennen vor dir,
daß wir hilflos sind an diesem Tag –
hilflos und ratlos.
Wir gedenken derer,
die du abgerufen hast aus dieser Zeit und Welt,
hinweggenommen aus dem Land der Lebendigen.
Unsere Vorstellungskraft reicht nicht aus,
das Geheimnis des Todes zu ergründen.
Niemand von uns hat über diese Grenze geschaut
und niemand von uns kann sagen,
was du tust mit denen,
die du aus dieser Zeit nimmst.
In unserer ratlosen Betroffenheit
sind wir ganz auf Hoffnung geworfen,
auf Vertrauen,
auf Glauben.
Wir danken dir für Jesus Christus
und für die Botschaft von seinem Sieg.
Kraft seiner Auferstehung
verwandelst du unser Leben in deine Ewigkeit hinein,
sagt unser Glaube.
Daran laß uns festhalten
mit Vertrauen
und Glauben.

Fürbitteneinschübe

Wir denken an unser Volk in Ost und West,
an unser geteiltes Land.
Obwohl wir eine gemeinsame Sprache sprechen,
haben selbst die Worte schon verschiedene Bedeutungen.
Wehre doch, Herr, dem weiteren Auseinanderleben
der beiden Teile unseres Volkes.
Hilf uns, daß wir festhalten können
am gemeinsamen kulturellen Erbe
in Wissenschaften und Künsten
und auch am Erbe der Reformation.

✻

Wir denken an die Regierenden, die Verantwortung tragen
für unser Volk in Ost und West.
Leite sie, Herr, mit der Kraft deines Geistes,
daß sie der Stadt und des Landes Bestes suchen
zum Wohle der Menschen.

✻

Wir wissen, daß die Kirchen in der DDR
mit vielen Widerständen fertig werden müssen.
Der Staat beschneidet ihnen Möglichkeiten,
die für uns selbstverständlich sind.
Wir bitten dich, Herr,
erhalte uns die Sensibilität
für unsere Brüder und Schwestern in der DDR.
Hilf uns, daß wir bestehende Verbindungen nicht abreißen lassen,
sondern sie ausbauen und intensivieren.
Wir befehlen deinem Beistand und deiner Hilfe
unsere Partnerkirche ...,
unsere Partnergemeinde in ...
und ihren Pfarrer ...

✳

Beneker, Gebete zum Kirchenjahr   Sonnenweg-Verlag 7750 Konstanz

Diese Erde wird geschüttelt
von Kriegen und Revolutionen,
von Gewaltanwendung,
Folter,
Unmenschlichkeit und Not.
Wir bitten dich, Herr, für alle,
die darunter zu leiden haben (konkretisieren: in ...),
für die Gequälten und Entrechteten,
die Hungernden und Kranken.
Herr, unsere Macht reicht wohl nicht aus,
um hier entscheidend und durchgreifend zu helfen –
und doch können wir helfen, –
vielleicht nur in kleinen Schritten,
aber helfen.
Gib uns ein geschärftes Gewissen
und den Blick der Liebe.
Dann werden wir bereit sein,
unseren Reichtum brüderlich zu teilen
und Gaben der Liebe zu geben
für die Opfer von Kriegen und Gewalt.

✸

Wenn der Regen ausbleibt,
vertrocknet die Erde,
die das Brot hervorbringen soll.
Not, Hunger und Krankheiten breiten sich aus.
Der Tod wird zur Alltäglichkeit.
Ach Herr,
wir bitten dich um deine Hilfe
in den Hungergebieten der Erde:
für die Menschen in der Sahelzone,
am Horn von Afrika
und in all den anderen betroffenen Ländern,
wie Indien und anderswo.
Laß nicht zu, Herr,
daß die Güter dieser Erde so ungerecht verteilt bleiben.
Erwecke die reichen Völker
zur Liebe und Hilfsbereitschaft
und lehre *uns zuerst*
das brüderliche Teilen.

✶

Herr, dein Wort ist unseres Fußes Leuchte
und ein Licht auf unserem Wege!
Dieses Wort ist uns vertraut,
fast zu vertraut,
um seinen Sinn noch wirklich zu erfassen.
Es gibt so viele Menschen,
denen dein Wort fremd ist
oder dunkel
oder gar ganz unbekannt.
Wir bitten dich heute für alle,
die an der Ausbreitung deines Evangeliums arbeiten.
Gib deinen Segen zur Saat deines Wortes,
daß sie gedeihe zur guten Ernte.
Wir denken an die Mission in der weiten Welt
und an die Bibelgesellschaften
und erbitten deinen Beistand und Segen für ihre Arbeit.

✴

Die Christenheit ist zerrissen
in Konfessionen, Sekten und Gemeinschaften.
Sicher gibt es auch Gemeinsamkeiten,
aber die Trennung beschämt uns.
Herr, wir wissen, daß dies nicht dein Wille ist.
»Eine Herde und ein Hirte« –
das ist deine Verheißung und dein Wille.
Ach Herr, laß in den Kirchen der Welt
den Willen zur Einigkeit wachsen
auch in aller Vielfalt.
Zeige uns deine Wahrheit.
Schenke uns Treue zum Bekenntnis
und laß uns von dieser Grundlage eines eigenen Standpunktes aus
den Mut haben,
aufeinander zu hören und miteinander zu ringen
um deine ewige Wahrheit in unserer Zeit.
Wir bitten dich für unseren Bischof
und für die Leitung unserer Kirche,
für die Evangelische Kirche in Deutschland
und die oekumenische Bewegung.
Herr, wir bitten um deinen Geist.

✳

Beneker, Gebete zum Kirchenjahr   Sonnenweg-Verlag 7750 Konstanz

Unsere Kinder, Herr,
wir denken an unsere Kinder.
Manchmal sehen wir voll Sorge auf ihren Weg,
auf ihre Möglichkeiten und Chancen.
Behüte du sie, Herr.
Gib den Eltern und Erziehern die Weisheit,
die in der Liebe wohnt.
Dann werden sie die Kinder leiten können
und ihnen Wege zeigen
in ein geheiltes Leben
mit dir, Herr.

✳

Die Zeitungen und Medien zeigen uns immer wieder
die traurigen Bilder vom Tod Drogensüchtiger.
Die Bilanz wird immer erschreckender.
Immer mehr Menschen,
vor allem Jugendliche,
geraten in Abhängigkeit.
Wir sind ratlos und betroffen.
Ach, Herr,
wir bitten dich für diese verführten Menschen
mit ihren betrogenen Gefühlen,
ihren gequälten Leibern,
verwirrtem Geist
und fehlgeleiteten Phantasien.
Wir bitten dich für die betroffenen Eltern
in ihrer Ratlosigkeit und ihren quälenden Fragen.
Wir wollen raten und helfen
so gut wir können,
aber wir wissen auf die Fragen so oft keine Antworten.
Hilf uns, Herr,
hilf du –
und nimm unseren Dank
für alle, die bewahrt bleiben.

✳

Beneker, Gebete zum Kirchenjahr   Sonnenweg-Verlag 7750 Konstanz

Herr, Ängste bedrängen uns,
Lebensangst
und Todesangst
und alle Ängste, die dazwischenliegen.
Vor dir, Herr, sprechen wir sie aus.
Wir bitten dich,
laß uns auf Jesus Christus schauen.
Die Räume der Angst hat er durchschritten in allen Dimensionen –
damals, am Kreuz.
Er hat seine Angst hinausgeschrien:
Mein Gott, – warum hast du mich verlassen?
Hilf uns, Herr,
daß wir in allen Ängsten unseres Lebens
uns dessen getrösten.
Wir bitten dich für alle,
die sich ängstigen um den Frieden der Welt,
um die wirtschaftliche Zukunft,
um die soziale Gerechtigkeit und Ordnung.
Befreie sie aus den Fesseln der Angst
und laß sie dann an der Verbesserung der Verhältnisse arbeiten.
Wir bitten dich für alle,
die sich um ihre Gesundheit ängstigen müssen.
Schenke ihnen Vertrauen und Trost
und stärke ihre Hoffnung auf dich.
Sei den Sterbenden nahe
und tröste die Trauernden.

✳

Wir erschrecken bis in die Tiefe der Seele,
wenn der Tod in unser Leben eingreift.
Wir geraten dann selbst ins Sterben hinein.
Die undurchdringliche Grenze
macht uns unsicher,
ängstlich
und traurig.
Auch die Botschaft vom lebendigen Christus
vermag uns nicht zu befreien
von der kreatürlichen Angst.
Herr, wir bitten dich für die Sterbenden:
Sei ihnen nahe mit deinem Leben,
das über unser Verstehen geht!
Wir bitten dich für deren Angehörige
in ihrer Ratlosigkeit und Trauer:
Zeige ihnen Wege, die Trauerarbeit zu leisten
und gib ihnen Trost und Kraft für die Zukunft.
Herr, erbarme dich.

✳

Beneker, Gebete zum Kirchenjahr   Sonnenweg-Verlag 7750 Konstanz

Bibelstellenregister
Stichwortregister

Bibelstellenregister	Seite
1. Mose 2, 4–15	85
3, 1–19	38
18, 20–33	93
2. Mose 33, 17b–23	28
Ps 22, 23	101
30, 12	61
31, 16	23
33, 12	80
66, 20	62
86, 11	22
90, 12	103
98, 1	61
130, 4	92
139	10
Jes 2, 1–5	78
5, 1–7	39
6, 3	70
35, 5–10	82
40, 1–11	10
40, 12–25	31
42, 1–9	27
43, 1	76
50, 4–9	43
53, 1–12	46
54, 7–10	41
58, 7–12	100
61, 1–3	24
62, 11	9
Jer 9, 22 + 23	34
17, 14	89
33, 6	89
Hes 34, 11–16	59
Dan 9, 18	34
Sach 4, 6	67
Mt 2, 1–12	26
4, 1–11	38
5, 13–16	78
5, 38–48	91
8, 5–13	29
9, 18–26	94
12, 20	27
13, 24–30	31
17, 1–9	32
18, 21–35	92
20, 1–16a	34
21, 1–11	8
22, 15–22	93
24, 1–14	9
25, 1–13	98
25, 14–30	79

Bibelstellenregister	Seite
Mt 25, 31–46	97
26, 26–28	44
26, 40 + 41	48
27, 32	49
27, 45–50	51
28, 16–20	76
Mk 2, 1–12	89
4, 35–41	30
7, 31–37	82
8, 31–38	36
10, 2–12	90
10, 35–45	42
12, 28–34	88
13, 3–13	9
14, 22–24	44
14, 32–42	48
15, 20ff	49
Lk 1, 46–55	11
2, 1–14	16
2, 14	18
2, 25–38	19
5, 1–11	75
6, 36–42	74
8, 4–15	35
9, 57–62	40
9, 62	40
10, 25–37	83
12, 15–21	100
13, 6–9	102
14, 15–24	72
15, 1–10	73
16, 19–31	71
18, 9–14	81
19, 41–48	80
21, 25–33	9
22, 19 + 20	44
23, 26	49
24, 13–35	56
Joh 1, 14a	17
2, 1–11	28
4, 24	66
5, 24–29	103
6, 1–15	77
10, 11–16; 27 + 28a	59
11 i. A.	86
12, 12–19	43
12, 20–26	41
14, 6	66
14, 23–27	66
19, 16–30	46
21, 1–14	55
Apg 1, 14	64

Bibelstellenregister

	Seite
Röm 2, 1–11	102
3, 21–28	101
3, 28	81
5, 1–5	39
6, 3–8	76
8, 5	39
8, 12–17	84
8, 15	62
8, 18–25	97
10, 9–17	87
11, 33–36	70
12, 9–16	28
12, 21	91
14, 7–9	96
14, 10–13	74
1. Kor 1, 18–25	75
3, 11	101
11, 23–26	44
13	36
14, 1–3; 20–25	72
15, 35–38; 42–44a	103
16, 14 u. a. m.	36
2. Kor 4, 16–18	60
5, 17	60
5, 19–21	46
9, 6–15	100
Gal 4, 6	62
6, 2	74
Eph 2, 4–10	81
2, 8	75
2, 19	77
4, 15 + 16	101
5, 1–8a	40
5, 8b–14	78
Phil 2, 5–12	43
Kol 2, 12–15	58
3, 12–17	61
2. Tim 1, 10b	86
1. Petr 1, 3	58
1. Joh 2, 16	36
3, 8b	38
4, 21	88
5, 4b	87
Hebr 3, 15	35
4, 12 + 13	35
4, 14–16	38
5, 7–9	42
Offb 21, 1–7	98

Stichwortregister

	Seite
Abendmahl	13, 44, 45, 73
Anfechtung	27
Angst	30, 84
Arm und Reich	71
Auferstehung	54–57
Auferstehungshoffnung	94
Barmherzigkeit	74
Barmherziger Samariter	83
Brot des Lebens	41
Brüderlich teilen	71
Buße	102
Christuserkenntnis	19
Dreieinigkeit	70
Ehe	90
Einladung Gottes	72
Einzug in Jerusalem	8
Erlösung	42, 46
Erntedank	100
Erwartung	10
Ewigkeit	98
Feindesliebe	91
Freude	11, 60
Friede	78, 92, 97
Frieden mit Gott	94
Frömmigkeit	81
Früchte des Glaubens	35
Gaben Gottes	79
Gebet	34, 62
Gebet um den Geist	64
Geborgenheit bei Gott	77
Geduld	28
Gehorsam	43
Gehorsam Christi	42
Gemeinde, wartende	64
Gerechtigkeit durch Glauben	39
Gerechtigkeit Gottes	39, 93
Gericht	93
Glauben	10
Gnade	34
Gottesdienst	77
Gotteskindschaft	84
Gottesknecht	43
Gottes Weg mit den Menschen	23
zum Menschen	22
Guter Hirte	59
Heil	9, 42
Herr der Geschichte	31
Herr der Gewalten	30
Herr, der kommende	8
Herrlichkeit	24, 26
Hilfe in Anfechtung	27

Stichwortregister	Seite
Himmelfahrt	63
Hirte, der gute	59
Hoffnung	28, 57
Juden	80
Jüngster Tag	98
Kinder des Lichtes	78
Kirche	80
Kreuz, Wort vom	75
Last, Einer trage des anderen	74
Lichtes, Kinder des	78
Licht der Welt	13
Liebe Gottes	36
Liebe zu Gott	88
Lied	61
Lohn	34
Nachfolge	36, 40, 41, 75
Nächstenliebe	36, 88
Nähe Christi	63
Neue Geburt	58
Passion	47–51
Pharisäer und Zöllner	81
Recht und Unrecht	39
Reformation	101
Rettung	29
Saat	35
Schmerzensmann	46
Schöpfung, Neue	60
Schöpfungsordnung	85
Schuld	96
Sehnsüchte	84
Sieg des Lebens	86
Singen	61
Sünderheiland	73
Taufe	76
Teilen	71
Totengedenken	103
Umwelt	85
Vergebung	73, 89, 92, 96, 102
Verklärung	32
Versuchung	38
Volkstrauertag	97
Vollendung der Welt	98
Vorbild Christi	43
Wartende Gemeinde	64
Weltgericht	97
Wort Gottes	35, 87
Wort vom Kreuz	75
Zeugnis	82
Zöllner	81
Zuversicht	10, 57
Zwänge	31

*Weitere empfehlenswerte
Handreichungen und Arbeitshilfen
für Gottesdienst und Gemeindearbeit*

Handreichungen für den Gottesdienst

Burkhard Heim
Beten im Gottesdienst
Gebete mit der Gemeinde für jeden Sonn- und Feiertag
Neue Folge
240 Seiten. Loseblatt mit Ordner

Burkhard Heim
Beten im Kindergottesdienst
224 Seiten. Loseblatt mit Ordner

Siegfried Heinzelmann (Hrsg.)
Mein Gebetbuch
Eine Sammlung von Gebeten in Poesie und Prosa,
von Männern und Frauen aus Vergangenheit und Gegenwart
136 Seiten. Gebunden

Peter Helbich
Im Fluge unserer Zeiten
Kollektengebete zum Kirchenjahr mit Wochensprüchen
80 Seiten. Gebunden

Hans Roser
Zum Leben erlöst
Kasualgebete für Taufe, Trauung, Beerdigung
112 Seiten. Loseblatt mit Ordner

Klaus Steinweg
Besinnung auf Christus
Eine Handreichung für die Passionszeit
48 Seiten. Kartoniert

Klaus Steinweg
Beten mit der Gemeinde
Eine Handreichung für Gottesdienst und Gemeindearbeit
128 Seiten. Kartoniert

Klaus Steinweg
Gottes Wort am Grab
Eine Handreichung zum Begräbnis
88 Seiten. Kartoniert

SONNENWEG-VERLAG, 7750 KONSTANZ

bibel – kirche – gemeinde (bkg)

Sachinformationen im Taschenbuch, eine Auswahl

Band 1
Julius Roessle (Hrsg.)
Kleine Konkordanz
272 Seiten

Band 2
Kleines Bibellexikon
344 Seiten mit 90 Abbildungen und Karten

Band 3
Walter Uhsadel
Kleines Begriffslexikon
172 Seiten

Band 5
Gerhard Löffler (Hrsg.)
Liedkonkordanz
378 Seiten

Band 9
Edouard Urech
Lexikon christlicher Symbole
256 Seiten mit 150 Abbildungen

Band 10
Abraham Meister
Biblische Namen kurz erklärt
176 Seiten mit 8 Karten

Band 12
Hans-Diether Reimer/Oswald Eggenberger
...neben den Kirchen
Gemeinschaften, die ihren Glauben auf besondere Weise leben wollen
415 Seiten

Band 16
Johann Maier/Peter Schäfer
Kleines Lexikon des Judentums
300 Seiten mit 32 Abbildungen

Band 18
Friedrich Thiele (Hrsg.)
Religiöse Feste der Juden, Christen und Moslems
Daten und Erläuterungen
53 Seiten

CHRISTLICHE VERLAGSANSTALT, 7750 KONSTANZ

Arbeitshilfen

Arbeitshilfen für die Jugendarbeit
Herausgegeben vom Amt für Jugendarbeit
der Evangelischen Landeskirche in Baden

Teil 1
Wie überstehe ich die ersten sechs Wochen…
Material und Anregungen für den Ablauf von Gruppenstunden
88 Seiten mit Abbildungen

Teil 2
Jugendfreizeiten heute
eine am Gruppenprozeß orientierte Arbeitshilfe für Leiter und ihre Helfer
80 Seiten mit Grafiken

Teil 3
Bei der Sache bleiben
Themen und Modelle für Jugendgruppen
88 Seiten mit Grafiken

Teil 4
Mitdenken, nachdenken – weitermachen
Eine Arbeitshilfe für Jugendgruppenleiter
110 Seiten mit Grafiken

Arbeitshilfen für die Seniorenarbeit:

Teil 1
Sich um den andern kümmern
Eine Handreichung für die Betreuung von Senioren
im Altenwohn- und Altenpflegeheim
77 Seiten

Teil 2
Für die ganz kleine Kraft
Sinnvolle und freudebringende Beschäftigung
gesunder, behinderter und kranker Senioren
76 Seiten

Teil 3
Keine Angst vorm Altenheim
Beispielgeschichten aus dem Alltag
des Johann-Heermann-Hauses in Brackwede
112 Seiten

FRIEDRICH BAHN VERLAG, 7750 KONSTANZ